AF371129

# ORDONNANCE DU ROI,

*Portant Règlement fur le fervice que les Ouvriers du Corps-royal, auront à faire dans les Arfenaux de conftruction.*

## Du 3 Novembre 1776.

## *DE PAR LE ROI.*

SA MAJESTÉ ayant jugé convenable de faire quelques changemens dans le Règlement du 3 octobre 1774, concernant le fervice des Ouvriers du Corps-royal & des Ouvriers d'État ordinaires de l'Artillerie, entretenus dans les Arfenaux de conftruction, Elle a ordonné & ordonne ce qui fuit :

### ARTICLE PREMIER.

LE Directeur de chaque Arfenal de conftruction, décidera des circonftances où tous les Officiers des compagnies d'Ouvriers feront tenus d'être préfens aux travaux de l'Arfenal, ainfi que de l'ordre dans lequel ces Officiers



A

devront y faire le service, lorsqu'il n'y aura qu'une partie de chaque compagnie employée auxdits travaux : Mais toutes les fois qu'une compagnie entière travaillera, le Lieutenant en troisième ne pourra se dispenser de se trouver aux ateliers, que quand le service particulier de ladite compagnie exigera qu'il se transporte ailleurs; dans ce cas, il sera suppléé par le Sergent-major : mais s'il se trouvoit des circonstances où l'on pût prévoir que l'un & l'autre fussent absens, le Directeur prendra les mesures convenables pour que le Lieutenant en premier soit présent aux travaux, afin qu'il y ait toujours aux ateliers, un Officier ou au moins le Sergent-major.

### 2.

LES Capitaines d'Ouvriers, sous l'autorité des Directeurs & Sous-directeurs des Arsenaux, seront chargés de la conduite des travaux, d'en mener l'ensemble, d'en distribuer les différentes parties aux Ouvriers d'État & externes, ainsi qu'aux ateliers de leurs compagnies; de tracer ou faire tracer, dans le besoin, par les Officiers des compagnies, ou le Chef des Ouvriers, les échantillons ou pièces qui devront l'être.

Lorsqu'il y aura plusieurs compagnies ensemble, le Directeur décidera les parties dont chaque Capitaine en premier devra être particulièrement chargé.

### 3.

*Le Capitaine en second & le Lieutenant en premier, rouleront entre eux pour le service aux travaux de l'Arsenal.*

LORSQUE tous les Officiers de la compagnie seront présens, le Capitaine en second & le Lieutenant en premier rouleront entr'eux, pour que l'un des deux soit toujours de service à l'Arsenal : le premier en sera dispensé lorsqu'il devra se trouver aux assemblées des Capitaines du Corps-royal, prescrites par l'Ordonnance de ce jour, concernant la composition & le service du Corps-royal; & le second le sera pareillement quand il ira à la salle de Mathématiques. Lorsque le Capitaine en premier sera absent, le Capitaine en second, qui se trouvera alors chargé de la conduite des travaux, ainsi que du commandement de la compagnie, sera dispensé de prendre son jour; &, dans ce cas, le Lieutenant en premier se trouvera aux travaux, autant qu'il le pourra, sur-tout dans le temps de la journée où sa présence y sera le plus nécessaire.

## 4.

QUAND il y aura plusieurs compagnies d'Ouvriers dans un arsenal, les Capitaines en second & les Lieutenans en premier des différentes compagnies, rouleront entr'eux pour fournir l'Officier de service aux travaux, à moins que le Directeur ne juge nécessaire, par la multiplicité desdits travaux, d'y faire aller plusieurs de ces Officiers; ce dont il sera toujours le maître.

*Ceux des différentes compagnies, rouleront entre eux pour ce même service.*

## 5.

SA MAJESTÉ voulant répartir les Ouvriers d'État ordinaires, de façon qu'il y en ait, dans chaque Arsenal de construction, un nombre suffisant pour pouvoir en tirer, en temps de guerre, ceux dont on aura besoin pour les armées, Elle ordonne qu'il continuera d'être entretenu à l'arsenal de Grenoble un Chef d'Ouvriers, un premier Charpentier, un premier Charron & un premier Forgeur; & que, dans chacun des arsenaux de Douai, la Fère, Strasbourg, Metz & Auxonne, il y aura désormais un Chef d'Ouvriers, un premier & deux seconds Charrons, un premier & deux seconds Forgeurs, & un premier & deux seconds Charpentiers ou Menuisiers; au moyen de quoi le nombre des Ouvriers d'État demeurera fixé, pour l'avenir, à six Chefs, dix-huit premiers Ouvriers, & trente seconds.

*Ouvriers d'État ordinaires entretenus dans chaque Arsenal.*

## 6.

LES Ouvriers d'État devant être des gens experts dans leur profession, & dont la conduite & la fidélité soient connues, Sa Majesté ordonne qu'ils ne seront choisis désormais que dans les compagnies d'Ouvriers du Corps-royal de l'Artillerie, parmi ceux qui auront rempli au moins deux engagemens de huit ans dans la même com-

*D'où ils seront tirés.*

pagnie, à moins qu'il ne fe trouvât quelqu'Ouvrier bleffé au fervice, & qui auroit les qualités ci-deffus requifes. Ils feront propofés au Secrétaire d'État ayant le département de la guerre, par le premier Infpecteur, d'après l'avis de l'Infpecteur général du département, & le compte qui en fera rendu à celui-ci par le Directeur de l'arfenal, auquel fera joint le certificat de capacité, de fidélité & de bonnes mœurs, qui fera donné par le Capitaine d'Ouvriers, auquel Sa Majefté s'en prendroit, fi quelque raifon particulière l'avoit engagé à donner ce certificat à un Ouvrier qui n'en fût pas digne.

7.

Choix des Chefs des Ouvriers d'État.

LES places de Chefs des Ouvriers d'État exigeant la probité la plus épurée, jointe à beaucoup d'intelligence & de talens, Sa Majefté veut qu'elles ne foient données à l'avenir qu'à des Lieutenans en troifième des compagnies d'Ouvriers du Corps-royal, ou à des fujets choifis parmi les Sergens - major defdites compagnies, ou parmi les Ouvriers d'État. Ils feront propofés au Secrétaire d'État ayant le département de la guerre, par le premier Infpecteur, d'après l'avis de l'Infpecteur général du département, & le compte qui en fera rendu à celui-ci par le Directeur de l'Arfenal & les Capitaines d'Ouvriers.

8.

Traitement des Ouvriers d'État.

SA MAJESTÉ voulant de plus en plus exciter l'émulation parmi les Ouvriers des compagnies, en leur réfervant des places de retraite où ils puiffent conferver l'aifance dont ils jouiffent dans lefdites compagnies, Elle a fixé le traitement des Ouvriers d'État fur le pied:

| SAVOIR, | PAR MOIS. | PAR AN. |
|---|---|---|
| A chaque Chef d'Ouvriers, foixante-quinze liv. par mois, ci . . . . . . . . . . . . . . . . . . . . . . . . | 75 | 900 |
| A chaque premier Ouvrier, quarante-cinq livres par mois, ci . . . . . . . . . . . . . . . . . . . . . . | 45. | 540. |
| A chaque fecond Ouvrier, trente-cinq livres par mois, ci . . . . . . . . . . . . . . . . . . . . . . . | 35. | 420. |

Et en outre de ladite paye, Sa Majesté ordonne que chaque premier ou second Ouvrier d'État, touche, sur les dépenses de l'Arsenal, six sous par chacun des jours qu'il travaillera ou sera employé à la conduite des travaux.

Ceux des Chefs d'Ouvriers qui ont actuellement des appointemens plus forts, continueront d'en jouir, & en seront payés par extraordinaire.

## 9.

L'UNIFORME des Ouvriers d'État sera : habit gris-de-fer, veste, culotte, paremens & collet bleus, boutons jaunes numérotés 64, & chapeau bordé d'un galon d'or : les Chefs auront des boutonnières d'or jusqu'à la poche ; & les premiers Ouvriers, un bordé d'or de dix lignes de large sur le parement.

*Uniforme des Ouvriers d'État.*

## 10.

LES cinq Sergens de chaque compagnie d'Ouvriers, seront partagés de façon qu'il y en ait deux qui dirigent les ateliers des Charrons, deux pour conduire les forges, dont un veillera en même-temps sur les Serruriers, & le cinquième sera à la tête des Charpentiers : ces Sergens feront les fonctions de Maîtres de boutiques ; ils travailleront eux-mêmes autant qu'ils le pourront, mais ils auront la plus grande attention à ce que les ouvrages soient bien exécutés, & ils instruiront les Ouvriers.

*Fonctions des Sergens des compagnies d'Ouvriers.*

## 11.

LES Caporaux & les Appointés des compagnies d'Ouvriers feront les Chefs des ateliers ; ils répondront, ainsi que les Sergens, de la bonté des ouvrages qui en sortiront ; & lorsque ceux-ci s'absenteront, ils veilleront à ce que les Ouvriers ne quittent pas les travaux, & à ce qu'ils exécutent bien les ouvrages qui leur seront ordonnés.

*Fonctions des Caporaux & des Appointés.*

## 12.

LE nombre des Forgeurs sera fixé à chaque feu par trois ou par quatre, suivant l'espèce d'ouvrage qu'ils auront

*Distribution des Ouvriers aux différens ateliers.*

A 3

à forger: les Caporaux & les Appointés des Forgeurs, mèneront chacun une forge.

Les Charrons feront divifés à raifon de huit ou dix pour chaque atelier; le Caporal & l'Appointé ou les deux Caporaux, s'il y en a deux parmi les Charrons, feront chacun à la tête d'un atelier.

Les Charpentiers feront divifés par quatre; & il y aura à la tête de chacun des ateliers qu'ils formeront, un Caporal ou un Appointé, ou à leur défaut, le plus ancien Ouvrier de l'efcouade des Charpentiers.

## 13.

*Diftribution des Ouvriers externes.*

LORSQUE les circonftances exigeront qu'on prenne des Ouvriers externes dans un Arfenal, ils feront répartis d'abord dans les ateliers avec les Ouvriers des compagnies, & le Directeur choifira enfuite parmi eux des Chefs & des Sous-chefs d'ateliers, fur-tout pour les Ouvriers en bois : quant aux Forgeurs, il prendra les plus habiles; pour les mettre à la tête de chaque feu. Ces Chefs d'ateliers recevront une paye un peu plus forte que les autres Ouvriers.

Il fera en outre établi un Maître de boutique à chacun des ateliers des Charrons externes. Ce Maître fera choifi par le Directeur, parmi les Ouvriers d'État, ou parmi ceux des compagnies qui feront jugés capables de bien conduire ces ateliers.

A l'égard des Forgeurs & Charpentiers externes, il fuffira d'établir un ou deux Maîtres pour veiller fur tous ces Ouvriers, fuivant le befoin qu'ils en auront, & le nombre d'ateliers qu'ils formeront.

## 14.

*Fonctions du Chef des Ouvriers d'État.*

LE Chef des Ouvriers d'État fera particulièrement chargé de furveiller le débit des bois, de maintenir le bon ordre dans leur arrangement & leur diftribution, d'avoir l'œil fur les matériaux de toute efpèce, pour qu'il ne s'en faffe pas d'emplois inutiles. Il fera de fréquentes viſites dans les ateliers, & veillera à ce que rien ne s'égare, & que les bois & les fers ſoient mis à profit.

## 1 5.

LES premiers Ouvriers d'État ſeront Gardes des outils, & en répondront; ils ſeront chargés de les diſtribuer aux différens ateliers, & de les retirer.

Les ſeconds Ouvriers remplaceront les premiers dans leurs fonctions lorſque ceux-ci ne pourront pas y vaquer, & ils travailleront les uns & les autres quand ils n'auront aucune diſtribution à faire.

Les Ouvriers des compagnies exécuteront, dans les travaux des Arſenaux, ce qui leur ſera commandé par les Ouvriers d'État, comme ſi ceux-ci étoient Sergens deſdites compagnies.

*Fonctions des premiers & ſeconds Ouvriers d'État.*

## 1 6.

LORSQUE le Directeur d'un Arſenal, n'emploiera que le tiers d'une compagnie, ſoit pour le ſervice dudit Arſenal, ſoit pour celui de l'École d'Artillerie, les Ouvriers ne recevront aucun ſupplément de ſolde; lorſqu'il en ſera employé au-delà du tiers, le ſurplus de ce tiers ſera payé à quinze ſous par jour; & ſi ce ne ſont que quelques hommes choiſis pour leurs talens particuliers, les quinze ſous ſeront pour eux en entier: Si au contraire ce ſont des hommes ſans choix, d'un métier quelconque, que la néceſſité oblige d'employer, ils ne recevront que dix ſous, & les cinq autres ſous ſeront répartis ſur les autres hommes de la compagnie qui fourniront au travail.

Mais lorſque la compagnie travaillera en entier, tous ceux qui ſeront employés recevront un ſupplément de ſolde qui ſera de quinze ſous par jour pour chaque Sergent, autre que le Sergent-major, & de dix ſous pour chacun des autres Ouvriers lorſque les journées ſeront de dix ou de onze heures de travail; & lorſqu'elles ſeront de moins de dix heures, les Sergens ne recevront que douze ſous de ſupplément de ſolde, & les autres Ouvriers huit.

*Supplément de ſolde, lorſque la compagnie travaillera en entier.*

## 17.

Les journées feront de onze heures de travail, depuis le 1.er Avril jufqu'au 10 Septembre compris.

Elles feront de dix heures pendant le mois de Mars, & auffi depuis le 11 Septembre jufqu'au 10 Octobre compris.

Depuis le 11 Octobre jufqu'au 1.er Mars, les journées des Ouvriers en fer, continueront d'être de dix heures de travail ; mais pendant ce temps les Ouvriers en bois commenceront leur travail avec le jour & le finiront à la nuit, en ne prenant qu'une heure d'intervalle pour le dîner, & ces Ouvriers en bois ne feront payés qu'à douze fous pour les Sergens, & à huit fous pour les Ouvriers.

Les journées de travail feront du même nombre d'heures, foit que les compagnies travaillent par tiers, foit qu'elles travaillent autrement.

## 18.



Il fera fonné une cloche pour faire entrer les Ouvriers aux ateliers. Un demi-quart d'heure après qu'elle aura ceffé de fonner, les Sergens de femaine feront un appel, tant des autres Sergens que des Ouvriers de compagnie, fans cependant les déplacer.

Le Chef des Ouvriers d'État, ou en fon abfence celui à qui il aura remis le contrôle, fera un pareil appel des Ouvriers d'État, ainfi que des Ouvriers externes.

L'un & l'autre en rendront compte au plus ancien des Officiers de fervice, qui vifitera lui-même, deux fois dans le jour, tous les ateliers, pour s'affurer fi tous ceux qui doivent les former, s'y trouvent.

Celui qui manquera à ces appels, ou qui s'abfentera de fon atelier fans permiffion, fera privé de la moitié de fon fupplément de folde, fi c'eft un Ouvrier de compagnie : fi c'eft un Ouvrier d'État, il perdra ce fupplément en entier; & fi c'eft un Ouvrier externe, il perdra le quart de fa journée.

Si l'abfence dure plus d'un quart-d'heure, ou fi elle fe réitère dans la même journée, l'Ouvrier de compagnie perdra fon fupplément de folde en entier : l'Ouvrier d'Etat, en outre de fon fupplément, perdra le quart de fa folde; & l'Ouvrier externe moitié de fa journée.

Les Chefs d'ateliers feront obligés d'informer de ces abfences l'Officier de fervice lorfqu'il fera fes tournées; autrement ils fubiront une peine double de celle qu'ils auroient encourue s'ils s'étoient abfentés eux-mêmes.

## 19.

IL fera permis au Sergent-major de chaque compagnie d'Ouvriers, de prendre, les jours de la diftribution du pain, le nombre d'Apprentis néceffaire pour aller le recevoir ; mais ce pain ne fera donné aux Ouvriers que dans les chambrées, & jamais dans l'Arfenal ; Sa Majefté défendant expreffément qu'il foit fait aucune diftribution aux Ouvriers pendant les heures du travail.

*Diftribution du pain aux Ouvriers.*

## 20.

QUAND les travaux feront confidérables, le Directeur de l'Arfenal pourra prendre des Ouvriers externes pour émoudre les outils & limer les fcies, afin que les Ouvriers de l'Arfenal ne quittent pas le travail fous ce prétexte.

*Ouvriers externes pour émoudre les outils.*

## 21.

LE Chef des Ouvriers d'État tiendra journellement des états des journées des Ouvriers d'État, de compagnie & externes qui feront employés à l'Arfenal; il y fera mention de ceux qui auront manqué au travail, & du temps de leur abfence, d'après le compte qui lui en fera rendu chaque jour par le Sergent de chaque atelier en quittant le travail : fi quelque Sergent y manquoit, ce Chef en porteroit fes plaintes au Directeur, qui feroit punir ledit

*État à former journellement des journées d'Ouvriers.*

Sergent, comme il eſt ordonné par l'article 18 de la préſente Ordonnance.

Le Chef des Ouvriers d'État, ſur le compte qui lui en ſera rendu par le Garde des outils, marquera également ſur ſes états les noms des Ouvriers qui en auront perdu, & auxquels la retenue doit en être faite.

## 22.



Le Garde-magaſin de l'Artillerie aura les clés de tous les magaſins de bois & de fer, à l'exception cependant des flaſques & des bois en grume, qu'on eſt ſouvent obligé de tenir ſous des hangars ouverts.

Il ſera formé un petit magaſin à l'entrée des grands hangars fermés où l'on tient les jantes, les rais & autres bois préparés, dans lequel magaſin on établira une petite proviſion de chaque eſpèce de bois que le Chef des Ouvriers d'État demandera au Garde d'Artillerie, & dont il ſera reſponſable : cet approviſionnement ſera renouvelé tous les mois, ou tous les quinze jours, & même plus ſouvent, ſuivant les conſommations.

Ces bois ſeront donnés en compte au Chef des Ouvriers d'État, qui en fournira ſon reçu au Garde; & quand ce Chef aura beſoin de madrier, il en avertira ledit Garde, afin qu'il les porte en conſommation ſur ſes états.

Quand il manquera du bois dans un atelier, le Sergent ou autre Maître d'ateliers en demandera au Chef ou à l'Ouvrier d'État auquel le Chef laiſſera ſes clés quand il s'abſentera; ledit Sergent ou Maître de boutique aura ſoin de marquer ſur un livret la quantité de chaque eſpèce de bois qui entrera dans ſa boutique : le Chef d'Ouvriers inſcrira ſur ſon regiſtre ce qu'il aura délivré, & y fera ſigner celui qui l'aura reçu.

Il ſera auſſi formé un petit magaſin de fer des échantillons propres aux conſtructions qui s'exécuteront : le Chef des Ouvriers d'État en donnera de même ſon reçu au Garde d'Artillerie; & il y aura un Ouvrier d'État qui fera chargé de la diftribution de ce fer, & qui en répondra au Chef : il fera placé dans ce magafin des balances en état de pefer trois ou quatre cents livres.

Quand un Ouvrier aura befoin de fer, il s'adreffera au Sergent de fon atelier ou autre Maître de boutique, qui en demandera à l'Ouvrier d'État, auquel il donnera fon reçu, & il aura foin de changer ledit reçu, dans le cas où toute la barre n'ayant pas été employée, il auroit fait rapporter le refte au magafin.

Il fera établi dans chaque forge deux coffres, pour y raffembler, à la fin de chaque journée, dans l'un les riblons de fervice, & dans l'autre les riblons de rebut.

Les Sergens des compagnies auront les clés de ces coffres, & remettront à la fin de chaque femaine au Garde d'Artillerie ce qui s'y trouvera.

## 23.

LES menus achats de toute efpèce, ainfi que les outils que l'on pourroit acheter en détail, ne feront jamais diftribués aux Ouvriers, qu'ils n'aient été préalablement préfentés au Garde, & enregiftrés par lui.

## 24.

TOUS les Charrons des compagnies feront obligés de fe pourvoir chacun d'une plane à leurs dépens; ces planes feront choifies, en préfence defdits Charrons, par leur Sergent : le Capitaine de la compagnie en fera les avances; & la retenue en fera faite à ces Ouvriers fur leur paye extraordinaire.

Il ne fera reçu à l'Arfenal aucun Ouvrier externe qui n'ait fa plane, ou qui ne confente qu'on lui en achette une fur fa paye.

Les autres outils feront fournis des magafins du Roi par le Garde d'Artillerie; ils feront tous diftingués par une marque particulière à chaque Arfenal.

Il sera établi un petit magasin pour les outils de chaque profession ; les premiers Ouvriers d'État qui en seront chargés en qualité de Garde des outils, en donneront leur reçu au Garde d'Artillerie, & ils ne les délivreront qu'aux Chefs d'ateliers qui en répondront.

Ces Chefs les distribueront à leurs Ouvriers, en présence du Sergent de l'atelier ; tous les soirs ils les feront rassembler, & la vérification en sera faite en présence du même Sergent.

S'il manque un outil, il sera payé par l'Ouvrier à qui il aura été remis ; le Chef de l'atelier en avertira le Garde des outils, en lui demandant le remplacement de celui qui se trouvera perdu : celui-ci en rendra compte au Chef des Ouvriers d'État, qui enregistrera sur son journal le nom de l'Ouvrier & celui de l'outil ; le Sergent de l'atelier en prendra aussi la note.

S'il se casse un outil par accident, il sera porté par le Chef de l'atelier au Garde des outils, qui le remplacera & le fera raccommoder tout de suite ; & si l'outil se trouve hors de service, il le gardera dans son magasin, pour le représenter au Garde d'Artillerie.

Si un Ouvrier étoit convaincu d'avoir cassé un outil par malice, on lui en feroit payer le prix, & le Directeur le feroit en outre punir sévèrement.

La valeur de ces outils sera retenue aux Ouvriers sur leur supplément de solde.

## 26.



Il sera construit des coffres qui seront placés dans les différentes boutiques, pour y enfermer les outils quand les Ouvriers quittent le travail ; les clés en seront remises au Chef de chaque atelier.

On donnera aussi un tiroir à chaque Serrurier, pour y enfermer les outils que le Garde lui aura remis en préfence de fon Sergent, à l'exception de ceux qui doivent paffer des mains d'un Ouvrier dans celles d'un autre ; le Chef de l'atelier des Serruriers en fera chargé ; il y aura pour ces derniers outils une armoire particulière.

Lorfque les compagnies travailleront par tiers, les Sergens qui fortiront de femaine, feront, à ceux qui y entreront, la remife de tous les outils dont l'état fera figné de part & d'autre.

## 27.

LES Gardes des outils feront tous les huit jours, aprés le travail, une vérification des outils de chaque atelier en préfence du Chef ; s'il en manque quelqu'un, & que le Chef ne l'ait pas déclaré pendant la femaine, la retenue lui en fera faite : en conféquence le Sergent en prendra note, & le Garde des outils en rendra compte au Chef des Ouvriers d'État.



## 28.

LES Gardes des outils feront fouvent la vifite de ceux qui leur feront confiés, principalement des fcies, & ils auront la plus grande attention de les faire limer quand il fera néceffaire ; ils renouvelleront auffi fans difficulté les limes des Serruriers, quand leurs Chefs demanderont qu'elles foient changées : s'il fe commettoit des abus à ce fujet, ils feront tenus d'en avertir le Chef des Ouvriers d'État.



## 29.

IL fera fait tous les trois mois, par le Garde d'Artillerie, en préfence d'un Officier nommé par le Directeur, & du Commiffaire des guerres du Corps-royal, une vérification des magafins d'outils ; on choifira pour cette opération un jour de repos : s'il manque des outils, & que les Ouvriers d'État, chargés de leur garde, ne puiffent pas dire les noms de ceux qui les auront perdus, ou repréfenter ceux qui auront été caffés, on les leur fera payer, & la retenue en fera faite fur leurs appointemens.

Les outils jugés hors de fervice, feront caffés & mis dans le magafin de la ferraille.

Quand cette vérification fera faite, le Garde d'Artillerie dreffera un état de fituation de chaque magafin, certifié par l'Officier qui y aura été préfent, & vifé par le Commiffaire des guerres, & il en fera remis une copie au Directeur : ce fera fur-tout à cette époque qu'on achetera les outils néceffaires pour remplacer ceux qui auront été confommés.

## 30.

*Le Garde d'Artillerie prendra tous les famedis, une note des matières qui auront été confommées, & des ouvrages qui auront été faits.*

L E Garde d'Artillerie fe trouvera à l'Arfenal tous les famedis après midi, pour y prendre des notes exactes des fers & des bois de chaque efpèce qui auront été confommés pendant la femaine, ainfi que des ouvrages neufs qui auront été conftruits ; en obfervant de ne faire mention fur lefdites notes, que de ceux defdits ouvrages qui feront ferrés ; il tranfcrira enfuite ces notes fur fon journal de remifes & de confommations : il remplacera en même-temps dans les petits magafins, fi le Chef des Ouvriers le demande, le bois & le fer qui auront été confommés pendant la femaine.

## 31.

*État que doit fournir le Chef des Ouvriers d'État.*

L E Chef des Ouvriers d'État dreffera, à la fin de chaque femaine, un état qu'il fignera, des journées d'Ouvriers de chaque profeffion, dans lequel il diftinguera la paye des Sergens, celle des Ouvriers en bois pendant le temps de l'année où ils ont deux fous de moins que les Forgeurs, & enfin celle des Ouvriers d'État & des Externes. Cet état fera conforme au modèle ci-après.

JOURNÉES D'HIVER.
*177*



*É*TAT *des journées des Ouvriers d'État,* ceux de la Compagnie d      &
Externes qui ont été employés à l'Arse
d      depuis le      jusqu'au

| | | QUANTITÉS. | | SOMME |
|---|---|---|---|---|
| | | sous | liv. sous den. | |
| JOURNÉES de Travail | d'Ouvriers d'État à... | ...... | ..... | |
| | de Sergent à........ | ...... | ..... | |
| | d'Ouvriers en bois à.. | ...... | ..... | liv. sous |
| | d'Ouvriers en fer à... | ...... | ..... | ..... |
| | d'Ouvriers externes à | ...... | ..... | |
| | à | ...... | ..... | |
| | à | ...... | ..... | |
| JOURNÉES retenues | aux Ouvriers en bois......... | | ..... | |
| | aux Ouvriers en fer.......... | | ..... | |
| | aux Ouvriers externes........ | | ..... | |
| OUTILS perdus, dont la retenue doit être faite aux Ouvriers...... | Effettes................ | | ..... | .....<br>à soustraire de la somme ci- |
| | Cognées de Charrons........ | | ..... | |
| | &c................. | | ..... | |

TOTAL du montant des journées d'Ouvriers, pendant la semaine.......................   *liv. sous*

Cet état doit être certifié par le Capitaine d'Ouvriers, & visé par le Directeur ; le Chef des Ouvriers d'État le portera ensuite au Commissaire des guerres & du Corps-royal, qui le vérifiera, & de-là au Trésorier, qui lui en payera le montant.

## 32.

*Les Capitaine pourront punir les Ouvriers, en les faisant travailler sans pa extraordinaire.*

ÉTANT nécessaire que les Capitaines d'Ouvriers puissent maintenir la discipline parmi leurs Soldats, sans que le service en souffre, ce qui arrive lorsqu'on met un Ouvrier en prison, Sa Majesté autorise lesdits Capitaines à les punir en les faisant travailler deux ou trois jours, & même davantage, s'ils le jugent à propos, sans paye extraordinaire, à moins toutefois que les fautes ne foient affez graves pour mériter une punition plus forte.

Le Chef des Ouvriers d'État aura foin, avant de former fon état des journées, de demander auxdits Capitaines s'ils ont ordonné quelque retenue, afin de la diminuer fur les journées à payer.

## 33.



L'ÉTAT des journées étant arrêté comme il eft ordonné par *l'article 31* de la préfente Ordonnance, le Tréforier en remettra le montant au Chef des Ouvriers d'État, qui fera, le Dimanche, des paquets, dans lefquels feront contenues les fommes qui feront dûes aux différens ateliers ; il remettra, le lundi, lefdits paquets aux Sergens defdits ateliers, qui diftribüeront l'argent aux Ouvriers dans les chambrées.

A l'égard des Ouvriers externes, le Chef des Ouvriers d'État fera également des paquets, dans lefquels fera contenue la fomme dûe à chaque atelier ; il écrira fur chaque paquet le nom de l'Ouvrier externe qui aura été mis à la tête de l'atelier, & tous les lundis à midi ils feront diftribués auxdits Chefs d'ateliers, lorfqu'ils fortiront de l'Arfenal : le payement fe fera en préfence du Commiffaire des guerres & du Corps-royal.

## 34.



LE Chef des Ouvriers d'État, dreffera, à la fin de chaque femaine, un fecond état pour rendre un compte général de ce qui fe fera paffé dans l'Arfenal pendant la femaine. Cet état devra être conforme au modèle ci-joint.

17

*É*TAT *de ce qui a été fait à l'Arsenal,*
*depuis le      jusqu'au*

| MATÉRIAUX employés pendant la Semaine. | | OUVRAGES NEUFS sortis des Ateliers. | JOURNÉES | | | | TOTAL des JOURNÉES |
| --- | --- | --- | --- | --- | --- | --- | --- |
| BOIS. | FER. | | d'Ouvriers d'État. | de Sergent. | d'Ouvriers des Compagnies | d'Ouvriers externes. | |
| 200 Jantes. 420 Rais. 32 Armons. 8 Madriers pour flasques de 24. &c. | 800 livres pour bandes de roues de 24. 400 livres pour équignons de 24. 600 livres pour boulons de flasques de 12. &c. | 15 Roues de 24 en blanc. 22 Roues de 12 ferrées. 2 Affûts de 24 en blanc. 4 Affûts de 24 ferrés. &c. | 54. | 30. | 318. | 400. | 802. |

Il sera fait deux doubles de cet état, l'un pour le Directeur, l'autre pour le Commissaire des guerres & du Corps-royal; ils seront signés du Chef des Ouvriers d'État, certifiés par le Capitaine d'Ouvriers, & visés par le Directeur.

Le Commissaire formera un état géneral, à la fin de chaque mois, sur ceux des quatre semaines, lequel sera semblable au modèle ci-dessus, à l'exception seulement qu'il aura soin de ne pas porter sous le titre d'ouvrages neufs, ceux qui ne seront pas finis, afin qu'on puisse compter en remise ceux qui seront compris dans ledit état.

35.

POUR que les Capitaines d'Ouvriers puissent signer les états avec connoissance, les Sergens ou autres Maîtres de boutique remettront au Sergent de semaine les notes qu'ils auront tenues de ce qui se sera passé dans leurs ateliers pendant la semaine ; ce Sergent en dressera un état, & le remettra au Capitaine, ou, en son absence, au Commandant de la compagnie, lequel, pour cette partie, fera les mêmes fonctions que ledit Capitaine. Cet état devra être conforme au modèle suivant.

ARSENAL de

au

*ÉTAT à fournir, tous les Samedis, au Commandant de chaque Compagnie d'Ouvriers.*

| OUVRAGES neufs sortis des Ateliers. | BOIS entrés dans les Ateliers. | BOIS qui restent dans les boutiques des Charrons. | FER fourni aux Forgeurs. | OUVRIERS qui se sont absentés. | DURÉE de leur absence. | OUVRIERS qui ont perdu leurs outils. | NOMS des outils. |
|---|---|---|---|---|---|---|---|
|  |  |  |  |  |  |  |  |

Marques à appliquer sur les ouvrages neufs.

## 36.

IL sera construit dans chaque Arsenal, un certain nombre de poinçons ou estampes en fer, & emmanchées, dont chacun portera un des numéros 1, 2, 3, 4, &c.

Le Chef des Ouvriers d'État en donnera un à chaque atelier de Charrons & de Charpentiers, & enregiſtrera le numéro de chacun : cette marque, qui ſervira à déſigner les ouvrages neufs ſortis des ateliers, ſera appliquée auxdits ouvrages à la fin de la ſemaine, ou plus ſouvent, ſi cela eſt néceſſaire, par le Chef de l'atelier, en préſence du Sergent, de l'Officier de ſervice & du Chef des Ouvriers d'État, leſquels en répondront.

S'il ſe trouve quelque pièce eſſentielle mal conſtruite, le Chef de l'atelier ſera obligé de la refaire ſans recevoir de paye extraordinaire.

On donnera pareillement aux forgeurs, de ces poinçons ou eſtampes, pour être appliqués ſur les différentes ferrures avec les mêmes formalités qui ſont preſcrites pour les Ouvrages en bois.

Il ſera fait en outre deux autres poinçons pour les ferrures, dont l'un portera les lettres initiales du nom de l'Arſenal, & l'autre celles du nom du Capitaine d'Ouvriers : ces deux marques ſeront miſes ſur les principales pièces des ouvrages finis, après qu'ils auront été reconnus ſans défaut; elles ſeront appliquées en préſence du Directeur, du Capitaine d'Ouvriers & du Chef des Ouvriers d'État, qui répondront de la ſolidité & de la préciſion des ouvrages. On marquera également ſur une des principales pièces en bois de chaque affût ou autre attirail, l'année pendant laquelle ils auront été faits.

## 37.

IL ſera accordé de temps en temps aux Ouvriers, au choix du Directeur, & ſur la demande des Capitaines, des relâches de demi-journées, pour les inſtruire des manœuvres d'Artillerie & du tracé des flaſques; &, dans la belle ſaiſon, on emploiera pluſieurs jours de ſuite à leur faire conſtruire des ponts.

## 38.

DANS le cas où quelques articles du préſent Règlement

feroient fans exécution, Sa Majefté enjoint expreffément aux Capitaines d'Ouvriers d'en rendre compte à l'Infpecteur du département.

MANDE & ordonne Sa Majefté au premier Infpecteur, aux Infpecteurs généraux du Corps-royal de l'Artillerie, aux Directeurs des départemens, aux Officiers des compagnies d'Ouvriers, aux Commiffaires des guerres & du Corps-royal, & à tous autres Officiers & Employés de l'Artillerie, de fe conformer à la préfente Ordonnance, & de la faire exécuter fans y apporter ou fouffrir qu'il y foit fait aucun changement.

FAIT à Fontainebleau le trois Novembre mil fept cent foixante-feize.

Signé LOUIS. Et plus bas, SAINT-GERMAIN.

# A PARIS,
# DE L'IMPRIMERIE ROYALE.

M. DCCLXXVI.